Made in the USA
Monee, IL
30 October 2019

16048985R00066